LOUIS JOU

LE LONG DU CHEMIN

FANTAISIES POÉTIQUES

TOULOUSE
Imprimerie FRANC fils, rue Croix-Baragnon, 15.

1864

LOUIS JOURDAN

LE LONG DU CHEMIN

Prix : 1 franc.

TOULOUSE
Imprimerie Franc fils, rue Croix-Baragnon, 15.

1864

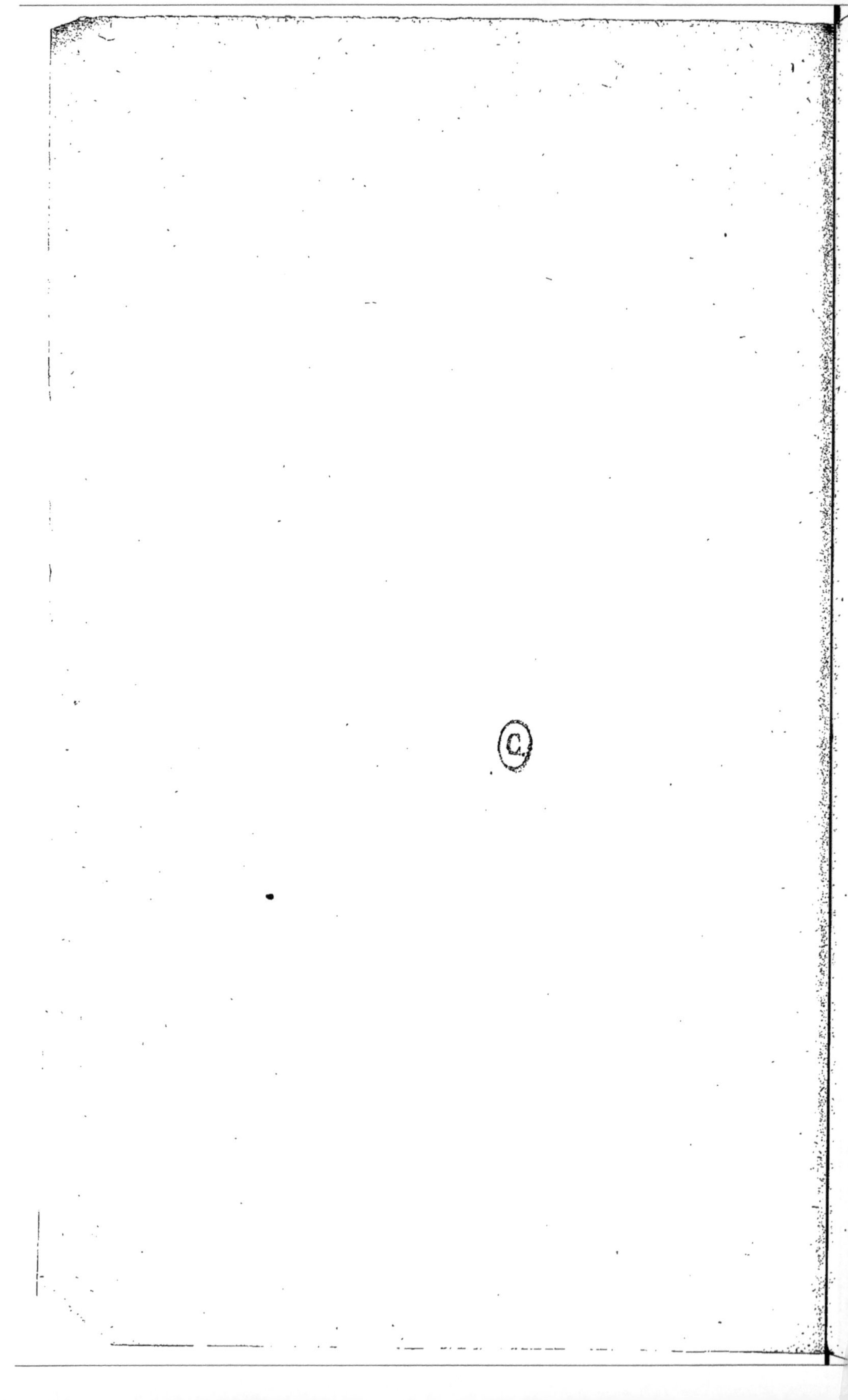

Ce petit recueil n'a et ne peut avoir aucune prétention littéraire :

C'est un bouquet cueilli ça et là dans le sentier de l'adolescence et de la jeunesse, entre quinze et vingt ans, et qui n'aura quelque charme que pour ceux qui ont cheminé dans la vie à mes côtés, la main dans la mienne.

Il sera pour eux ce que sont les feuilles de rose que l'on trouve désséchées entre les feuillets d'un livre oublié depuis longtemps :

Un souvenir, une pensée d'autrefois.

L. J.

Oui j'aime le génie et ces esprits sublimes
Qui, lorsque nous rampons, s'élancent vers les cîmes,
Qui peuvent loin de nous, aigles audacieux,
Soutenir les rayons qui blessent notre vue,
    Et, vainqueurs, sur la terre émue,
Posent le feu divin qu'ils arrachent aux cieux !

Ah ! je le sais aussi, si leur lot est la gloire,
Si dans la nuit des temps doit briller leur mémoire,
Pour de faibles mortels ce triomphe est trop beau,
Et comme il est au ciel leur étoile, sur terre
    Un fantôme affreux, la misère,
Les suit partout, et puis s'assied sur leur tombeau.

Mais qui ne t'envierait pourtant, ô grand poète !
Lorsqu'une lyre en main et des chants dans la tête,
Aveugle, errant, mais sûr de l'immortalité,
T'asseyant sur le soir près d'un foyer fidèle,
    Tu donnes la gloire éternelle,
En échange du pain de l'hospitalité !

Poètes, vos malheurs sont bien dignes d'envie
Si comme vous .... hélas ! l'ange de poésie,

N'a jeté sur mon front que des feux obscurcis,
Et si je ne puis mettre à mon luth la couronne
Des lauriers que j'ambitionne,
Je le couronnerai du moins de noirs soucis.

Mais sois toujours modeste, ô mon luth qui soupir.
Ne va pas, affectant un sublime délire,
Célébrer les héros ou chanter les combats,
Il faudrait pour cela le génie et sa flamme.
Mon génie à moi c'est mon âme,
Et pour chanter les dieux l'âme ne suffit pas!

Nous chanterons pourtant tous deux, muse bénie,
Mêlant nos faibles voix à la grande harmonie
Que forme le feuillage et la brise et les eaux,
Qu'importe que pour tous nos voix semblent perdues,
Pourvu qu'elles soient entendues
Par celui qui comprend le doux chant des oiseaux.

Nous chanterons tous deux seuls dans la nuit sereine
Écoutant ces accents que l'on distingue à peine,
Qui, lorsque dans le ciel brille l'astre rêveur
S'élevant de la terre et montant vers la nue,
Forment cette langue inconnue
Que la nature parle à son divin auteur.

Tu pourras soupirer ces romances plaintives
Que chante le pêcheur sous le ciel loin des rives,
Par les vagues bercé sur l'océan brumeux.
Tu pourras soupirer ces douces rêveries

Semblables à des mélodies
Qui parlent de bonheur au cœur des malheureux.

L'orsqu'un ange, une femme, à mon âme oppresée
Entr'ouvrira ce ciel que rêve ma pensée,
Lorsqu'à mes yeux fermés à tout autre rayon
Apparaîtra sans cesse une image adorée,
Alors dans ta langue sacrée,
Muse tu chanteras mon amour et son nom

1859,

PÉPA

CONTE

C'était dans un château, sur des rocs comme un nid
Posé : l'ombre a gagné sa face de granit
Où d'obscurs compagnons, ouvriers du mystère
Laissèrent le symbole écrit avec la pierre;
Seul, le faîte hardi de la plus haute tour
Se détache rougi des derniers feux du jour....
Voyez : la chambre est vaste, une tenture antique
En recouvre les murs; dans le fond la gothique
Cheminée, haute et large, où dans l'âtre éclairé
La bûche en mourant dit son chant désespéré.
C'est que le vent sifflait au dehors, vent d'automne
Qui gémit d'une voix aiguë et vous étonne,
Tandis que vous venez, près du foyer assis,
Écouter de naïfs et lugubres récits,
Légendes des esprits, ou vieux tours d'une morte,

Jetant furtivement un regard à la porte
Au moindre bruit. La nuit est venue, au plafond
Suspendue une lampe oscille, et dans le fond
De la salle la flamme en un reflet rougeâtre
Sur la tenture danse. Une femme (l'albâtre
Est moins blanc que ses bras et son cou) jeune encor,
Gracieuse se pare; un lourd bracelet d'or
À ses bras ronds et forts se tord près de l'épaule,
Comme aux femmes de Rome une esclave de Gaule
L'attachait; un collier se roule sur les seins,
Riche et divin trésor à d'amoureuses mains;
De lourdes grappes d'or pendent à ses oreilles
S'entrechoquant avec un léger bruit; vermeilles,
Ses deux petites mains au feu du diamant
Rayonnent, sous ce poids précieux s'inclinant.
Pourquoi cette parure, et cet œil plein de joie?
Et l'épaule arrachée à sa prison de soie?
Et ces bijoux pesants autour de son bras nu?
Elle tressaille, un pas résonne, il est venu
Juan : il entre et la lune aux vitraux blanche et ronde
Éclaire une figure adolescente et blonde,
Un costume coquet de page, et longs cheveux
Sur l'épaule tombant. Juan était amoureux
Depuis longtemps; timide, aux pieds de la comtesse
Il s'incline, et baisant la main qu'elle lui laisse.
« Vous l'avez ordonné, Madame, me voici. »
Juan, jeune, aimé, charmant, à ses genoux; ceci
Était embarassant, n'est-ce pas? belle dame

Qui me lisez ? Pépa la comtesse était femme,
Elle rougit d'abord, car elle aimait mon Juan,
Or, rougir quand on aime est un signe alarmant,
Irrécusable aveu de prochaine défaite,
Ne vous récriez pas, la femme est ainsi faite
On a rougi d'abord, l'honneur est satisfait.
Mon Juan de son côté près d'elle pâlissait ;
Le motif n'était pas à beaucoup près le même,
Mais il sentait son âme en proie au trouble extrême,
Sur sa bouche les mots expiraient, et son cœur
Battait dans sa poitrine à tout rompre ; vainqueur
On a l'air quelquefois d'un captif qui supplie ;
Et puis la femme sait si bien ce qui nous lie,
Dieu lui fit la beauté pour enflammer nos sens,
La femme à ses attraits joignit les ornements,
Pour les combats d'amour elle s'en fit des armes,
La beauté qui se pare a toujours plus de charmes,
Et lorsque vos amants tombent à vos genoux,
Vous le devez souvent, belles, à vos bijoux.
Je ne dis pas cela pour Pépa, la nature
Avait fait un chef-d'œuvre, et certes de parure
Elle eût pu se passer. L'immortelle Phryné
Au rivage accroupie, et que l'œil étonné
Du peintre voyageur prit pour Vénus marine,
Nue et sortant des flots, n'était pas plus divine
De formes et d'éclat. « Juan, quittez mes genoux,
Dit-elle enfin. Ce soir, pour causer avec vous
Je vous ai fait venir. Écoutez mon histoire

D'abord : J'étais bien jeune, une sorcière, noire
Comme un démon, petite et centenaire, un soir
passa. Sous les bosquets j'étais allé m'asseoir
Avec mes jeunes sœurs. Nous voulumes chacune
Qu'elle lût l'avenir dans notre main : la lune
Éclaira la sorcière. Après quelques instants,
Pépita, me dit-elle, amoureuse à trente ans
D'un page jeune et beau.... puis la maudite femme
Laisse tomber ma main et s'enfuit. Dans mon âme,
Juan, je cache un secret que je veux aujourd'hui
Vous découvrir. Souvent je me disais c'est lui
Ce beau page prédit, c'est Juan, et ma tendresse
Me le témoigne assez, car la belle comtesse
Soupirait dans son cœur quand son page à genoux
La servait ; jeune j'eus un vieillard pour époux
Dur et que je déteste, et lorsque je compare
A votre douceur d'ange, à votre beauté rare
Sa farouche laideur, je soupire tout bas
Pour que longtemps au loin le gardent les combats,
Car je le hais bien plus depuis que je vous aime.....
Mon beau Juan, n'est-ce pas, tu me chéris de même !
Ah ! j'ai cru quelquefois deviner en tes yeux
Du trouble à mon aspect. Je t'ai vu soucieux
Trembler au frôlement de ma robe de soie !
Tu le vois, je suis belle, et mon amour de joie
Peut enivrer ta vie, et te donner le ciel
Aime moi Juan, l'amour est plus doux que le miel
Et les accords charmants que la guzla soupire

Ne valent pas ce mot qu'on dit dans le délire,
Qui fait pleurer et rire à la fois, ce seul mot :
« Je t'aime ! oh dis-le moi, je le veux, il le faut ! »
Prenant dans ses bras Juan pâle et fou, la comtesse
Sur ses seins demi-nus le presse avec tendresse ;
Lui, disait : « Pepita, mon bonheur, mon trésor,
Je t'aime plus que Dieu, plus que ma mère encor,
Plus que tout à la fois, et s'il te faut ma vie,
Mon sang, tout est à toi ! tant mon âme est ravie,
Je n'y vois plus..... je meurs..... » Il tombe évanoui.
Elle, sous ses rideaux le porte, et près de lui
Se penche, l'admirant blanc et beau comme un ange.
Puis son œil a brillé d'une lumière étrange,
Son cœur bat fortement, et sous ses blanches mains,
Comme deux flots de lait, se soulèvent les seins.
Pépita n'était pas de ces timides femmes
Soupirant un amour sans passion, sans flammes,
Rêveuses dans leur cœur berçant le doux secret
Sans vouloir rien de plus ; pour qui l'amour parfait
Est d'aller au balcon, quand la nuit tend ses voiles,
Dire tout bas un nom aux tremblantes étoiles :
Amour de jeune fille, amour des premiers ans
Qui meurt comme il est né ! la comtesse a trente ans ;
L'amour n'est plus comme un rayon de lune pâle,
Mais de soleil ardent ; sur la route fatale
On ne va plus cueillir les fleurs à pleines mains,
Mais le passant arrache aux arbres du chemin
Des fruits pour apaiser la soif qui le dévore.

Eh bien ! l'amant est là qui te retient encore ?
Mon espagnole brune as-tu peur de l'amour ?
Allons ! de son corps nu glissant sur le contour
Tout ce qui le cachait, et mousseline et soie,
Tombe jusqu'à ses pieds blancs et mignons qu'il noie,
Et de ces flots charmants qui baignent ses genoux,
Superbe de beauté, splendide de bijoux,
Elle s'échappe enfin. Ainsi qu'une baigneuse
Dans un lieu retiré, de son ombre peureuse,
Offrant ses charmes nus aux baisers du soleil,
Du flot qui le rougit tire son pied vermeil.
Dans ses bras réchauffé Juan revient à lui. Noire
Était la nuit. Ainsi qu'un savant au grimoire
Fouillant des mots obscurs qui cachent un trésor,
L'astrologue pensif groupant les lettres d'or
De l'alphabet géant du ciel, comme un homme ivre,
N'aurait pu ce soir là lire goutte en son livre.
Les vieux chênes au loin tourmentés par le vent
Vaguement se plaignaient comme fait un géant
Qu'on réveille la nuit sur sa couche ; les ormes
Agitaient bruyamment leurs bras lourds et difformes,
Et seul sur les créneaux, le nocturne veilleur,
Pour s'enhardir entonne un vieil air, et de peur
Tremble lorsqu'aigrement la girouette grêle
A gémi. Mais qu'importe à ceux que sur son aile
L'amour emporte loin de la terre, tous deux
Dans les bras l'un de l'autre empressés, amoureux,
N'ayant qu'une pensée et qu'une même ivresse ?

Gauthier, que n'ai-je ici pour peindre leur tendresse,
Leurs baisers, leurs soupirs enflammés, le crayon
Qui créa les amours d'Albertus ! un rayon
Étincelant, magique, éclairerait la couche
Dont tu nous ouvrirais les rideaux que ne touche
Le classique conteur en son pudique effroi,
Gens dont la tête est lourde et dont le cœur est froid.
Peut-être aussi l'odeur du soufre et du bitume
Dans leur appartement s'épandrait sous ta plume,
Et l'on distinguerait certain ricanement
Parti l'on ne sait d'où, sardonique, bruyant,
Ou dans un coin obscur luire une flamme bleue,
Quelque chose sentant son diable d'une lieue
Satisfait en voyant cet amoureux péché
Commis avec ivresse, et sans qu'ait empêché
La crainte de sa flamme une autre Eve tentée,
D'offrir une moitié de la pomme, enchantée
D'ajouter la saveur de la faute au plaisir.
Volupté ! volupté ! vague et charmant désir
Au printemps de la vie, et lorsqu'on n'ose encore,
T'étreindre dans ses bras, plus tard feu qui dévore
Fantôme qui poursuis dans un rêve brûlant.
Déesse à l'œil de flamme, au sourire enivrant,
Sur le bord du sentier où tout homme chemine
Des lilas blancs te font une couche divine
Et sur des fleurs s'étend ta robuste beauté
Nue ainsi que doit être une divinité;
Ployé, ton bras charnu soutient ta tête molle,

Ton beau cou blanc se penche à demi vers l'épaule
Vigoureuse, où l'on voit sous sa blancheur de lait
Circuler vaguement un bleuissant filet.
Le long du dos poli comme un rocher par l'onde
Tes cheveux déployés tombent en nappe blonde,
A voir ta hanche ferme et large on sent combien
Tu portes de vigueur; si tu le voulais bien,
Ta jambe blanche et ronde, et du bas effilée
Dans un beau bloc de marbre on la dirait taillée.
Tout ton corps est à l'ombre, un rayon de soleil
De tes seins seulement baise le bout vermeil.
L'homme passe,sa route est longue et fatigante;
Enfant il s'avançait sur les gazons,brillante
L'aurore secouait ses roses; seule encor
L'étoile du matin comme une lampe d'or
Au ciel bleu balancée étoile paresseuse
Tardait à s'éloigner; la rosée amoureuse
Scintillait endormie au sein de chaque fleur;
Maintenant il est las, et son front en sueur
Brûlé par le soleil vers la terre s'incline,
Il a laissé bien loin la route où l'on chemine
Sous la feuillée épaisse, au souffle d'un doux vent
Comme un éventail vert sur sa tête mouvant.
Soudain il t'aperçoit, près de toi l'ombre est douce,
Et le repos charmant sur un tapis de mousse,
Et les oiseaux cachés sous de sombres rameaux
Mêlent un chant d'amour au murmure des eaux.
L'amour, il est partout en toi, dans ton sourire,

Dans l'ardeur de tes yeux qui met l'âme en délire,
Dans ta beauté splendide à donner le frisson.....
.....Et tes bras vigoureux lui font une prison.
Volupté ! c'est bien toi, charmeresse éternelle,
Qui faisais sur les seins de Pepita la belle
Épeler à mon Juan cette langue sitôt
Apprise et retenue, et qui n'a qu'un seul mot,
Comme l'infini vaste, et vieux comme le monde,
De même que toujours au bruit sourd de son onde
Le vieillard Océan mêle le même accent.
Juan répétait ce mot pour le redire cent
Et cent fois encor......ciel ! avec fracas ouverte
La porte sur ses gonds roule. Tête couverte
D'un masque épais et noir, une épée à la main
Un homme entre muet, à pas lents : Juan soudain,
Brandissant son poignard au bas du lit s'élance.
C'est un duel à mort où l'on lutte en silence
Et la rage dans l'âme, à la pâle lueur
Du crépuscule. Ainsi qu'un tigre en sa fureur,
Le page bondissait tantôt, tantôt à terre
Rampait comme un serpent pour frapper l'adversaire
Aux entrailles, pressé par l'autre pas à pas :
Il pousse un cri, le fer a traversé le bras.
De douleur sa main s'ouvre et son arme échappée
Tombe; vers sa poitrine il voit venir l'épée
Aiguë et menaçante : elle est là de deux doigts
A peine séparée. Une dernière fois
Il regarde Pépa, car son heure est venue.

Elle, au devant de Juan échevelée et nue
Vers l'inconnu se jette, et du javelot d'or
Qui tordait ses cheveux elle le frappe. Mort
Il tombe à ses genoux. Sur sa poitrine blanche
Comme un voile, le sang a jailli. Juan se penche
Démasque le cadavre et dit : Malheur à nous!
Madame vous venez de tuer votre époux!

Toulouse, le 20 avril 1864.

LE SOUPER DES FUNÉRAILLES

Allons, versez le vin dans la coupe profonde,
Le vieux vin dans le sable à la cave enterré,
Et qui fit sur les flots deux fois le tour du monde :
A moi l'ivresse folle et le nectar sacré!

Qu'il chasse de mon front tous les soucis moroses
Et verse sur la plaie un baume précieux.
Ton pourpre me plait mieux que le carmin des roses!
Fi! de l'eau du Léthé! tu fais oublier mieux.

Mes amis, c'est ce soir souper des funérailles
Et l'oubli parmi nous est convive appelé,
A l'amour dans mon cœur j'ai livré la bataille
J'ai vaincu,buvons donc à l'amour immolé!

Enterrons-le gaîment, comme un neveu cupide
Enterre un oncle riche, au bruit de vos chansons,
Mieux que des pleurs laï rendra la tombe humide,
Entonnez votre psaume aux joyeuses leçons!

Et puis, jetez de l'eau bénite sur mon âme
Comme sur un cercueil, par trois fois! c'est fini,
Je ne sens plus rien là, l'oubli que je réclame
Voile à jamais les traits du fantôme banni.

Il se tut et vida son verre, les convives
L'imitèrent riant et chantant ; au festin
L'orgie a succedé, plus folles et plus vives
Paroles et chansons se croisent : mais soudain,

Sous la fenètre, un orgue avec fines roulades
Et tremolo brillants qui s'envolent dans l'air,
A leur voix maria le chant des sérénades
Dont chaque note brille et fuit comme l'éclair ;

Puis après il chanta la romance plaintive,
Comme une larme, ainsi chaque note tombait,
La basse comme un flot expirant sur la rive
Murmurait doucement une plainte, un regret.

Je le confesse ici, l'orgue de Barbarie
Me plaît infiniment. Quand je vais, soucieux
Il chasse de mon front facheuse rêverie,
Je ralentis le pas, et j'écoute joyeux.

Gens sérieux, ceci vous fait rire peut-être.
Graves bourgeois ! il est une valse à deux temps
Qu'un orgue le matin chantait sous ma fenêtre
Aux premiers jours de mai de ce dernier printemps.

C'était comme un bonjour, une voix venant dire :
Nous sommes au printemps, regarde paresseux
Le soleil dans ta chambre a glissé son sourire,

Tout est joie et lumière. Et moi j'étais heureux !

Le jeune homme surpris, entendant la romance,
C'est son air préféré, dit-il ! et tout rêveur,
Il dépose la coupe, et l'écoute en silence,
Quelque chose de triste a vibré dans son cœur.

Et quand l'air fut fini, dégrisé, l'âme émue,
Sur la table de marbre, il s'accouda pleurant,
Oh ! dirent-ils, le mort dans son linceul remue,
Je crois que nous avons mis en terre un vivant !

Et si jamais l'enfant Eros, manque de flèches
Il vous demandera les cils de cet œil noir.
Théodore de BANVILLE.

Oh! moi, celle que j'aime est une forte femme,
Aussi noirs que le jais luisent ses beaux cheveux,
Et sous d'épais sourcils elle porte une flamme
Comme un ardent charbon dans chacun de ses yeux.

Son épaule aux tons chauds est ronde et vigoureuse,
Et ses seins, qu'envieraient les belles du sérail,
Contenus avec peine en leur prison soyeuse
Bondissent, soulevant les colliers en émail;

Ah! j'aime tes bras blancs ô ma belle déesse!
Tes bras blancs paresseux, qu'ainsi qu'un poids trop lourd,
Tu laisses par moment tomber avec mollesse,
Sur ta hanche arrondie et faite pour l'amour.

Pour les presser un peu sous ma lèvre enflammée
Je donnerais mon âme, et je jalouse encor
Le bracelet pesant parure accoutumée,
Qui de son froid baiser, les embrasse et s'y tord.

Ah! j'aime aussi ta main allongée et mignonne
Tes doigts divins de forme, et si beaux qu'on dirait

Qu'un sculpteur amoureux dont le ciseau frissonne,
Les tailla dans un marbre aussi blanc que le lait.

Et vous le savez bien, ô la coquette habile
Et pour qu'en les voyant, on les admire mieux
Vos diamants aimés rayonnent entre mille,
Et de leur vive flamme éblouissent les yeux.

J'aime encor comme un fou ce que cache la soie,
Les trésors dérobés par les voiles jaloux,
Et sous lesquels le soir votre couche se ploie
Lorsque sur les draps blancs vous posez vos genoux.

Si tu m'appartenais, ô ma passion folle!
Tu n'aurais pas d'amant, mais un esclave en moi
Comme un chant que l'on aime, écoutant ta parole
Et n'ayant pour soleil qu'un doux regard de toi.

Ainsi qu'une sultane aux harems de l'Asie
Pour parer ta beauté, je voudrais un trésor
De bijoux éclatants, et la perle choisie,
Pour reluire à ton front comme une étoile d'or.

Sous les platanes verts à l'épaisse feuillée
Un bain de marbre blanc recevrait ton corps nu
Dans son eau de cristal, transparente et mêlée
D'un amoureux parfum, aux reines inconnu.

Seul, le matin verrait sur ton corps qui se penche
Monter le flot brillant qui veut le caresser,
Et perçant le feuillage à ton épaule blanche,
Le soleil te donner un lumineux baiser.

Et puis pour t'emporter bondissant dans la plaine,
Laissant sur ton cou blanc flotter tes cheveux noirs,
Je voudrais pour coursier la cavale africaine
Légère dans son vol comme le vent du soir.

Mais surtout pour t'aimer il me faudrait une âme
Ivre d'amour ardent, qui se brûle à tes feux
O ma déesse à moi ! comme au sein de la flamme
Se consume à l'autel la victime des dieux.

Toulouse, Juin 1864.

MUSETTE

Si j'avais, ô douce musette,
Reçu le génie en naissant,
Si j'avais le luth du poète
Comme j'en ai le cœur aimant,

Si je pouvais dans le délire
Où l'on chante amour et beauté
Graver au socle de ma lyre
Un nom pour l'immortalité :

Ce nom d'une femme chérie
Que je voudrais, par mes chansons,
Séparer de ceux qu'on oublie
Sur cette terre, où nous passons.

Ce nom c'est le tien, mais ma flamme
Ne saurait l'illustrer ainsi :
Ce n'est pas tout d'avoir une âme,
Il nous faut le génie aussi.

Ma voix s'élève et puis retombe
Sans que mes chants aient des échos,
Car je suis de ceux que la tombe
Recouvre obscurs dans leur repos.

Si j'avais le luth du poète
On saurait ton nom en tout lieu,
Hélas! mes vers seront, Musette,
Connus de toi seule et de Dieu.

Dans le cœur humain si volage
L'amour naît et meurt tour-à-tour
Sans laisser l'ombre d'un passage
Si ce n'est le premier amour.

Dans l'âme vierge encore il trace
Une image dont les doux traits,
Quand tout y vieillit et s'efface,
Restent jeunes à tout jamais.

Ah! quand sur ma tête blanchie
L'hiver des ans viendra s'asseoir,
L'orsqu'à l'horizon de ma vie,
Croîtront les ténèbres du soir,

Auprès du foyer où s'abrite
La vieillesse froide, en songeant
Combien les jours s'écoulent vite
Dans le passé, dans le néant,

Si je rêve aux douces années
Où l'on a foi dans l'avenir,
Où les heures sont fortunées,

Tu reviendras en souvenir,

Embellir mon foyer qui jette
Sa triste et dernière lueur,
Et tu vivras en moi, Musette,
Tant que battra mon pauvre cœur.

Paris, le 18 Juin 1861.

SOUVENIRS DE LYON

AU BALCON

Enfant ! tu sommeillais dans ta petite couche
L'essaim des songes d'or voltigeait sur ta bouche,
Ton front semblait briller de célestes clartés,
Sans doute tu voyais ton ange à tes côtés.
Age heureux, ciel d'azur, printemps où tout est rose,
Où l'on ne connaît rien de ce qui rend morose
Trace la ride au front et torture l'esprit,
Ta mère t'aime bien et cela te suffit........
Moi, jeune homme, j'étais sur le balcon, la brise
Chantait dans les rameaux; ma pensée indécise
Tantôt montait au ciel et tantôt descendait
Sur Lyon qui, tranquille à mes pieds s'étendait,
Et mon œil tour-à-tour comtemplait les étoiles
Là haut, et les clartés, là-bas perçant les voiles
De la nuit et brillant dans la ville. Soudain
Un piano près de moi, sous une habile main
Soupira de Weber la dernière pensée,
Et je prêtais l'oreille, et mon âme oppressée
S'ouvrait comme une fleur altérée, et buvant
Une goutte tombée en son calice blanc,
Je suivais la romance à demi voix; des larmes
Montaient jusqu'à mes yeux, douces, pleines de char-
mes

Et je disais, malheur à l'homme au cœur d'acier,
Je connais un bonheur qu'il me peut envier
Fût-il le roi du monde, et qui berce mon âme,
Et fait que mon esprit sur une aîle de flamme
S'envole ardent, ému, vers le monde idéal.
Tandis que le sien rampe et qu'un bandeau fatal
Est noué sur ses yeux. Bientôt la mélodie
Sur le dernier accord expira ; recueillie,
Ma pensée ici-bas revenait lentement.......
Et le petit, toujours souriait eu dormant.

Lyon, le 25 Juillet 1862.

A UNE STATUE

Salut, je ne viens pas profane curieux
Critiquer vos contours, votre front soucieux
Me fait peine. L'ennui se lit sur votre bouche
Entr'ouverte : aussi bien, ami, sur cette couche
Depuis assez longtemps vous êtes étendu,
Et le lit est de marbre et vous voilà rendu......
Vous voudriez à l'heure où nul ne vous épie
Soulever un moment votre tête assoupie,
Car votre bras est las qui la soutient toujours,
Déranger votre jambe, et lorsque les beaux jours
Viennent, où le soleil dans l'espace enivrée
Secoue en se jouant sa crinière dorée,
Vous auriez fantaisie, ô ma statue ! alors
D'aller sous le ciel pur respirer au dehors,
Car ici l'air est lourd, et rare est la lumière....
Vous ne répondez pas, sur la couche de pierre
De lassitude un soir le sommeil vous surprit;
Vous dormez depuis lors, lourd sommeil de granit
Et dans lequel le front jamais ne se soulève,
Les siècles près de vous passent comme en un rêve
Et leurs bruits ne vous sont qu'un murmure lointain
Si faible qu'on dirait de mouches un essaim
Bourdonnant. Vous viviez, sans doute, ô ma statue !

Au temps où la beauté s'en allait peu vêtue
Où le soleil brillait au ciel olympien,
Vous étiez un berger grec ou sicilien
Et peut-être le soir, lorsque pâle la lune
Phoébé sur la vallée épandait dans la brune
Se levant au-dessus de quelque mont fameux
Sa lumière argentée et qui rend amoureux,
Et l'orsque vous aviez descendu des collines,
Abreuvé vos troupeaux aux fontaines voisines,
Une nymphe quittait sa couche au fond des eaux
Vous préférant aux dieux. Sans doute les roseaux
Sous vos habiles doigts chantaient un air si tendre
Que les faunes cornus accouraient pour l'entendre,
Et derrière un tronc d'arbre écoutaient en riant;
Peut-être est-ce pour vous sous un soleil brûlant
Qu'une voix amoureuse aux cris de la cigale
Mêlait sa tendre plainte, en sa course inégale
L'amour en vous nommant suivait dans les vallons
Vos vestiges errants laissés sur les sillons.
C'est qu'homme vous aviez la beauté de la femme
Et que plus d'une fille amoureuse, en son âme
Vous jalousait peut-être, ainsi qu'en ont les dieux
Sur l'épaule à flot d'or tombent vos longs cheveux,
Vos bras sont arrondis et votre main petite,
Enfant vous auriez pu des fêtes d'Aphrodite,
Des guirlandes aux mains et des roses au front
Comme une jeune fille approcher sans affront;
Vénus vous eut souri, sur votre gorge nue

Voyant les doux trésors d'une vierge ingénue.....
Ne vous réveillez pas! tandis que vous dormiez
Le temps a bien marché, des bords que vous aimiez
Les saules sont bien loin. Dans sa course rapide
Le fleuve de la vie en son miroir humide
A déjà reflété bien des rives depuis
Que votre œil s'est fermé pour d'éternelles nuits,
Comme un dormeur porté dans un île inconnue
Cherche de l'œil en vain quand l'aurore est venue,
Les champs où le soleil a doré sa moisson
Et les arbres aimés autour de sa maison,
Vous n'apercevriez plus sur ces rives nouvelles
Vos lieux accoutumés, et vos nymphes fidèles
Et vos faunes rieurs, car en de nouveaux cieux
Vos dieux même ont cédé la place à d'autres dieux,
Et votre voix, hélas! par l'écho répétée
Seule vous répondrait au nom de Galathée!

Avril 1864

A MA VALLÉE

Que j'aime ô ma vallée, au pied de tes collines
La chapelle gothique où vinrent les aïeux
D'où, quand l'étoile d'or se lève dans les cieux
Monte le chant plaintif des cloches argentines
Qui fait agenouiller le voyageur pieux.

J'aime ton champ des morts, asile solitaire
Où les pères, les fils ont confondu leurs os,
Dormant, ensevelis dans le même repos
Où du moins ne vient pas une foule étrangère,
Visiter des bosquets en foulant des tombeaux!

J'aime de notre Tarn, que borde la Saulée
L'onde pure où le ciel se mire en sa splendeur,
Tes prés où les enfants s'en vont cueillir la fleur
Sous les noyers anciens à l'épaisse feuillée,
Et les asiles verts où l'on marche rêveur.

Mais surtout ce que j'aime, et plus que tout au monde
C'est la maison qui rit parmi les noisetiers,
Où l'orsque le printemps blanchit les églantiers
A son balcon fleuri, la jeune fille blonde
Se penche et fait rêver mon cœur des jours entiers.

Avril 1861.

Lorsque ta blanche main au clavier sonore,
Se promène, rêveuse enfant, auprès de toi
Comme une fleur buvant la rosée à l'aurore
S'épanouit mon âme au sein d'un doux émoi!

N'est-ce pas, que le soir ta chanson est plus belle,
Quand brille chaque étoile et luit chaque rayon,
Et que la lune, au front pâle et pur, étincelle
A travers le feuillage au bord de l'horizon. ?

Parmi les lauriers-rose, écoute, c'est la brise
Qui passe en ravissant leurs parfums à tes fleurs,
La cascade gémit, et sur la mousse grise
Laisse tout à l'entour, tomber son onde en pleurs.

Dans l'ombre, en descendant des montagnes voisines
C'est le vieux pâtre, enfant, disant un air, là haut,
Triste et lent, qui porté par l'écho des collines
Nous arrive parmi les sons clairs du grelot.

N'est-ce pas que ces bruits portent au sein de l'âme
Une mélancolie enivrante ? mes yeux
Se remplissent de pleurs comme des yeux de femme
Quand j'écoute tes chants, le soir, silencieux.

Et puis, ta mélodie est si pleine de charmes!

Dédaignant le faux rire et l'applaudissement
Tu cherches le triomphe, en des yeux pleins de larmes
Et l'on se rend toujours, pris par le sentiment :

Car, tu le sais, la vie est plus douleur que joie !
Quel est celui qui n'a jamais goûté qu'au miel ?
Quel est le pélerin qui trouva sur sa voie
La rose sans épine et le nectar sans fiel ?

Et notre âme ici-bas, hélas ! c'est l'exilée
Regrettant le pays ! ce ciel n'est pas le sien,
Ces fleurs ce ne sont pas les fleurs de sa vallée.
En t'écoutant chanter, triste elle se souvient !

Mai 1861.

Ah ! je te plains ! tandis qu'aux plaisirs acharnés,
De fête en fête vont les jeunes fortunés,
Pâle jeune homme, seul, dans ta pauvre mansarde
Où brille vaguement une clarté blâfarde
La tête dans tes mains, tu travailles : à quoi ?
Pensif, tu fais des vers. L'âtre est sombre, il fait froid,
Bien froid pourtant ce soir ; sur la terre glacée
La trace des pas est par la neige effacée ;
La bise s'est levée et par les ais mal joints
De la porte, en sifflant chez toi pénètre. Au moins
Je voudrais voir ici sur ta table de chêne,
D'un vieux vin généreux une bouteille pleine :
Le vin donne la force à l'esprit hâletant,
Près de ta pipe un pot de tabac odorant
Afin qu'en te jouant, tu cherches tes pensées
Au sein d'un bleu nuage aux spirales pressées.
Mais hélas, pauvreté seule habite avec toi,
Nue et froide ! Paulo, pauvre enfant, dis, pourquoi
As-tu laissé si loin tes sœurs et ton vieux père ?
N'avais-tu pas là-bas, sous la verte clairière
La maisonnette blanche ? au temps du renouveau
Des prés remplis de fleurs ; l'ombre du vieux bouleau
Pour aller, à midi, quand le pâtre sommeille,
Rêver en écoutant bruire à ton oreille
L'insecte bourdonnant, tes grottes d'autrefois,
Et le soleil couchant derrière les grands bois ;

Au sein des belles nuits, une lumière amie
D'un sourire éclairant la vallée endormie?
N'avais-tu pas ta place autour du grand foyer,
L'hiver, où l'orsque coûrt le vieux dogue aboyer
Au passant inquiet qu'un tourbillon assiège,
On raconte un récit lugubre, et chaque siège,
Se rapproche de l'âtre où chantent les grillons.
La poésie, enfant, on la voit des sillons
S'élever comme fait la timide alouette,
Sous les pas du rêveur, sous les pas du poète,
Elle est dans les forêts, et sous les antres verts,
Près de tout ceux qu'on aime, et dont les bras ouverts
Le soir et le matin vous pressent, près de l'âtre,
Près de la vieille église au clocheton grisâtre,
Près des tombeaux amis, et non parmi les cris,
Le tumulte incessant, fiévreux de Paris,
Ville où tout se marchande et se côte, la gloire
Aussi bien que l'amour ; ville éclatante et noire,
Antithèse vivante où le bien et le mal
Se coudoient ; où la honte est sur un piedéstal!
Où le vice se paie et brille pour l'exemple,
Ville qui n'a qu'un dieu dont la bourse est le temple,
Le veau d'or, où le cœur se dessèche en sa fleur,
Où l'amitié trahit, où l'estime et l'honneur
Se mesurent à l'or! mais tu le veux, travaille,
Lutte, martyr obscur sur le champ de bataille;
Tu périras d'ennuis et de misère atteint,
Comme ta lampe qui faute d'huile s'éteint!

Paris, 15 Janvier 1863.

SOUVENIR

Il voyait d'un œil froid la grandeur éphémère,
Car il avait vingt ans, cet âge fortuné
Où le cœur rêve épris d'une folle chimère,
Et donnerait gaîment tout l'orgueil de la terre
Pour un sourire, un mot, pour un baiser donné.

Ses cheveux longs flottaient ornant sa jeune tête,
L'ardeur comme un éclair brillait dans ses yeux noirs
Le cœur plein d'harmonie, il se croyait poète,
Il aimait les lacs bleus où le ciel se reflète,
Et rêveur, écoutait passer le vent des soirs.

Il lui semblait ouïr chanter des voix divines
Quand la mer lui jetait un murmure confus,
Et quand l'ombre à grands pas descendait des collines
On le voyait errer grave dans les ruines
Évoquant du passé les hôtes disparus.

Et maintenant il dort sous cette froide pierre,
Son existence à lui fut un songe d'enfant.
Celui qui ne rêvait qu'amour vie et lumière,
Là sous tes pieds n'est plus qu'une vaine poussière;
Il s'appelait..... cela t'importe peu passant.

1862

TRISTESSE.

A M. Ed. JAFFARD.

Le poète rêvait assis au fond des bois
Seul et triste, l'écho ne disait plus sa voix,
Loin de lui sur des fleurs sa lyre était couchée,
Oubliée aujourd'hui, qui de ses doigts touchée
Jadis si mollement soupirait et chantait.
Cependant, jeune et beau sur la brise accourait
Le printemps ; il venait aux plaines réjouies
Jetant à pleines mains les fleurs épanouies,
Réveillant le soleil sur la nue endormi
Et lui disant : Allons pour me fêter, ami,
Que les plus doux rayons éclairent tes collines ;
Et les troupeaux sonnaient leurs cloches argentines,
Car l'herbe était plus douce, et le pâtre rêvant
Écoutait ce que dit l'alouette en son chant.
. . . . , ...
L'hyeuse balançait mollement son ombrage
Au dessus du poète, à travers le feuillage
Glissait sur les glaieuls un rayon purpurin,
Derniers souris venus du couchant qui s'éteint
L'aubépine riait : comme la neige blanches
Ses fleurs sur le gazon faisaient courber les branches,

Les rossignols chantaient au sein des rameaux verts,
Le vent léger mêlait sa note à leurs concerts
Et lui seul était triste et rêveur. La nature
Avec les mille voix de toute créature
Semblait l'interroger et lui dire : « Pourquoi ?
Pourquoi ne pas chanter, poète, comme moi,
Avril, le doux avril, n'a-t-il pas dans nos plaines
Rendu la feuille à l'arbre et la mousse aux fontaines ?
A peine un blanc nuage errant dans le ciel pur
Comme une voile au loin dans une mer d'azur
Venu de l'occident vers l'orient s'efface.
Ne vois-tu pas aussi que tout reprend sa place
Le nid sur les rameaux, sur le sol les gazons,
Et neige de l'été, la fleur sur les buissons,
Le chant doit reparaître aux lèvres du poète ».
Et lui de la nature aux hommes l'interprète,
Répondit à la voix qu'il comprenait si bien :
Voici le doux printemps, le printemps qui revient
Tout renaît sous ses pas ; mais qui pourra me rendre
Celle pour qui ma lyre a soupiré plus tendre
Et qui dort du sommeil qui ne finit jamais ?
Laura, dans ma douleur j'ai demandé tes traits
Au ruisseau qui souvent reçut ta douce image
Quand sur l'onde en riant tu penchais ton visage
Avec l'onde ils ont fui sans retour ! quelqufois
J'ai prié les rochers de me rendre ta voix,
L'écho ne m'a jeté que ma plainte inutile,
Insensé, j'ai couru dans les bois, sombre asile

Comme un riche trésor j'ai cherché, vagabond,
Par les taillis obscurs, par le ravin profond,
Un vestige dernier charmant et vénérable
Laissé par tes pieds nus en errant sur le sable.
Mais en vain ! Ah ! sans doute il m'eût été trop doux
D'en approcher ma lèvre, en pleurant, à genoux.
Que me fait ton printemps, ô nature ! cruelle,
Quand nous sommes en deuil tu n'en est pas moins belle,
Tu sèmes aussi bien tes fleurs au sein des prés
Où courent les enfants, et sous les noirs cyprès,
Et la lumière vient du ciel avec ses charmes
Insulter à nos yeux, l'orsqu'ils sont pleins de larmes,
Et non contente encor de troubler nos douleurs,
Tu demandes des chants à qui n'a que des pleurs !

. . . .

Quand l'accord en vibrant, s'éteindra sur la lyre,
Joyeuse à mes côtés la verrai-je sourire ?
Et quand ma bouche aura nommé : Laura ! Laura !
Es-ce qu'une voix douce encor me répondra?
Ah ! pour chanter il faut avoir au sein de l'âme
Une divinité sur un autel de flamme;
Il faut que notre cœur s'échauffe près d'un cœur,
Que sur nos fronts descende un rayon de bonheur,
Qu'une bouche murmure, amour à notre oreille,
Et qu'une image passe en notre esprit qui veille
Car l'inspiration se puise encore mieux
Dans un tendre regard que dans l'azur des cieux . .

. . . .

Aussi ! puisque mon âme est triste et soucieuse
Je suspendrai ma lyre aux branches de l'hyeuse,
Et soit qu'au ciel s'allume ou s'éteigne le jour,
Je ne chanterai plus, car je n'ai plus d'amour.

Paris, 1863.

Dumque florent capilli.....
.... utere

Tu veux mourir, Sextus, tu veux quitter la vie
Au moment où d'être homme on a l'âme ravie,
Où flotte la folie avec les cheveux longs
Autour d'un front d'ivoire, où de courtes années
Légères ont glissé, sans laisser de sillons !
Ton âge est le printemps, les heures fortunées
Comme autour d'une fleur volent les papillons
Passent en caressant de l'aile ta jeune âme.
Laisse ce fer cruel s'échapper de tes mains,
Pour la gloire et l'amour, l'avenir te réclame,
Quand tes cheveux sont noirs et ton œil plein de flamme,
Méprise la Phrynée et rend lui ses dédains.....
Viens et suis moi ! Parmi de somptueux jardins
Où sous les sombres pins un frais ruisseau serpente,
J'ai près de notre Rome un palais qui présente
Vingt colonnes de marbre aux regards étonnés,
Et de l'or le plus pur les lambris sont ornés.
Là, bienheureux au sein de ma riche demeure,
Je n'ai souci du temps rapide, ni de l'heure,
Ni du triste bûcher, ni du Cocyte errant
Parmi le noir royaume où chaque ombre se rend;
Des captives de Grèce à la démarche molle
Laissent sous les tissus deviner leurs appas,
Et même chez César, tu ne trouverais pas

De plus beaux cheveux noirs sur une blanche épaule,
Une lyre inclinée entre d'aussi beaux bras.......
Viens! Dans la coupe d'or, de roses couronnée
Théone versera l'amour avec le vin,
Et le soleil levant t'éclairera demain
Sur ces beaux seins de neige oublieux de Phrynée.

1859.

Bien longtemps j'ai pleuré comme une faible femme,
Depuis cette soirée, où déchirant mon âme,
Cruelle tu me dis : je ne vous aime plus.
Et moi sans murmurer des regrets superflus,
Je descendis, le cœur navré. Là, dans la rue,
Comme on cherche des yeux une ombre disparue,
Une dernière fois, déséspéré, hagard,
Vers ta fenêtre encor se porta mon regard.
Alors, si par pitié, de ton rideau de soie,
Ta main eût soulevé les franges, fou de joie
Je serais accouru me rouler à tes pieds,
Parlant tout bas d'amour et de maux oubliés.
Hélas! ton rideau vert fut immobile, une ombre
Glissa rapidement pour se perdre dans l'ombre
Et puis tout fut fini. Le ciel était serein
Pourtant, comment ton cœur peut-il rester d'airain,
Femme, lorsque là haut de brillantes étoiles,
Hôtes de l'infini, scintillaient dans les voiles
De la nuit, lorsque après la splendeur d'un beau jour
Tout, la terre et le ciel, tout te parlait d'amour.
Un regard eût guéri ma pauvre âme offensée,
Mais d'un dernier adieu tu n'eus pas la pensée,
Enfin je m'éloignais, pâle, appelant la mort,
Et maudissant ma mère, et maudissant le sort,
Dans la rue, au hasard, chancelant comme un homme
Ivre et fou, du passé perdu le doux fantôme

Fuyait devant mes pas, triste et je me disais :
Hélas ne plus la voir ni demain, ni jamais !
Car je t'aimais, cruelle, et plus que tout au monde
Et d'une affection pure, immense et profonde,
Goutte à goutte creusée en mon cœur. Je savais
Deviner à tes pas lorsque tu t'approchais,
Comme dans un orchestre un son de flûte aimée,
Je distinguais ta voix dans la foule animée,
Et ton rire éclatant, plein d'ivresse et de bruit,
Me poursuivait encor dans la paix de la nuit.
De tes chants préférés, j'avais l'âme attendrie :
Tout-à-l'heure mon cœur s'est pris de rêverie
Et j'ai senti des pleurs se glisser dans mes yeux
A certain air chanté par un passant joyeux :
C'était : pauvre bouquet, fleurs aujourd'hui fanées.
Souvenir triste et doux de nos belles années
Lorsque la voix de Laure en chantait le refrain
Attendris et muets nous nous serrions la main.
Je suis rentré, le cœur débordant de tristesse
Au souvenir amer de ma belle maîtresse,
Et j'enterre en pleurant mon amour dans ces vers.
Apportez la croix noire, et les brins de buits vert!

Paris, le 12 Mai 1863.

FANTAISIE

Fantaisie, ils voudraient, ces boutiquiers stupides,
Ces hommes lourds et froids, te dompter sous leurs brides
Toi le cheval ailé qui ne touches le sol
Que pour faire jaillir l'étincelle. Ton col,
Libre et fier, ils voudraiet l'asservir, à la vue
Assujétir ton vol, sur la montagne arduë
Ne pouvant comme toi s'élancer d'un seul bond
Ils traitent d'insensé ton essor, dans le fond
Du réduit ténébreux où leur esprit se traîne,
Gens dont les pieds toujours sont noirs de boue humaine,
Qui cheminent dans l'ombre, et dont le front n'a pas
Ce rayon que l'on voit aux élus d'ici-bas.
Leur âme n'a jamais pu déchirer ses voiles,
Et, vermisseaux obscurs, jalousant les étoiles,
Ils disent à quoi bon ? Mais pourquoi, dites-moi,
Lorsque vient le printemps naissent les fleurs, pourquoi ?
Si ce n'est au matin pour que les jeunes filles
Des moissonneurs hâlés devançant les faucilles,
Accourent les cueillir, riant quand de leurs seins
Tombent malgré l'effort de leurs petites mains
Les bluets trop nombreux, les roses trop pressées,

Pauvres reines de mai par leurs doigts blancs froissées
Et la pervenche bleue, et le rouge cactus,
Et le coquelicot que ne bercera plus
Au milieu d'un flot d'or une brise embaumée,
Pourquoi ? Sinon afin qu'à la maitresse aimée
On tresse une couronne, on fasse des bouquets ,
Afin que l'amoureuse à l'ombre des bosquets,
Comme un oracle épèle une fleur qu'elle effeuille,
La fantaisie eh bien c'est la fleur, c'est la feuille,
C'est ce qui brille aux yeux de l'artiste inspiré;
C'est le Dieu qui se cache en un temple ignoré,
Que le poète errant trouve un soir sur sa route.
Il a marché longtemps, sur l'éternelle voûte
Une étoile brillait qu'il suivait en tout lieu
Les pieds ensanglantés, toujours cherchant le dieu,
En le voyant marcher la tête haute et fière
Ils disent : c'est un fou qui cherche sa chimère !
Et du seuil de leur porte ils raillent le passant,
Que leur hideux roquet poursuit en aboyant.
Mais il ne les voit pas, rempli d'un saint délire
Il regarde là haut l'étoile lui sourire
Ainsi qu'au champ d'honneur on suit un étendard,
Et dédaigne sur eux de fixer son regard.
Il ne les entend pas ; de douces mélodies
Remplissent son oreille, et du ciel applaudies,
Il marche comme vous dédaignant de s'asseoir
Lache sur le chemin, il va, le vent du soir

Soulève ses cheveux, jusqu'à ce qu'immobile
L'astre plane au-dessus du temple où le dieu brille.

Avril 1864.

LA COURTISANE

Oui, je la hais, la pâle et blême courtisane,
Sépulcre ruiné sous le plâtre et les fards,
Qui fait du saint amour une chose profane,
Et marchande un sourire à d'obscènes vieillards!

Femme, toi que Dieu fit pour consoler, dont l'âme
Devait être cette urne où l'homme épancherait
Ses peines, un foyer pour ranimer sa flamme,
Pour lui rendre le calme un asile secret;

Toi, qu'il faudrait, ainsi que les blanches madones,
Pour un regard d'amour implorer à genoux,
Et que le ciel bénit quand chaste tu te donnes
A celui que ton cœur te choisit pour époux.

Femme, qu'as-tu donc fait de ta pudeur, doux voile
Qui faisait rêver l'ange et cachait à nos yeux
La fille d'Ève, fleur que l'innocence étoile,
Chaste rayon d'en haut, attrait mystérieux.

Quand une bouche obscène effleure ton épaule,
Ne te souvient-il plus de celle qui le soir
Dirigeait vers le ciel ta dernière parole,
Vers le ciel qui console et d'où descend l'espoir?

Mais non, au gouffre impur où se perd ta pensée
Avec ce qui fut bien dort l'amer souvenir,
Et tu dis : « J'ai vingt ans à peine commencée
La vie est longue, et beau s'étale l'avenir.

Malheureuse! ta vie est courte, et la jeunesse,
La première se perd dans le gouffre du temps;
Qu'une mère ait l'espoir d'une douce vieillesse,
Pour une courtisane il n'est que le printemps.

Quand des rides au front tu ne pourras séduire,
Quand nul ne voudra plus baiser ta froide main,
Quand ton œil n'aura plus ce feu qui le fait luire,
Quand tes amants seront la misère et la faim,

Ne vas pas mendier pour soutenir ta vie
Le denier qui nourrit l'indigente vertu,
Toi, tu fus courtisane, et ta beauté ravie,
Ce qu'il te reste à faire, ô femme! le sais-tu?

Écoute, à quelque pas d'ici le fleuve roule
Son eau noire et profonde, et tu me comprends bien,

Sauve du moins ta mort du mépris de la foule,
Et vas-t'en sans regrets, puisque tu n'aimas rien!

Février, 1861.

Epithalame

Voici le printemps parfumé
Les mains pleines de fleurs nouvelles,
Déjà sous les vertes tonnelles
On respire un air embaumé,
Déjà de ses lèvres mi-closes
La fleur rit au soleil béni,
De vos amours faites le nid
Comme l'oiseau, parmi les roses.

Le printemps réveille là-haut
L'astre endormi sur la nuée,
Pour vous époux de l'hyménée
Il allume aussi le flambeau :
Voici briller l'aube vermeille
De votre bonheur, écoutez
L'amour qui vous dit à l'oreille
Heureux époux, aimez! chantez!

Chantez! les chants vont bien au bonheur de la vie
Comme l'oiseau caché sous les lilas en fleur,
Chantez! votre existence est heureuse et ravie
Et rien d'amer encor ne vous trouble le cœur!

Aimez! tout vous invite à l'amour qui se lève
Comme une douce étoile en votre âme, la nuit,
Aimez, mais hâtez-vous, l'amour est un doux rêve
Qui trop tard nous enivre et trop vite nous fuit!

SONNET

A Melle BLANCHET

Prix d'Elégie

Du pays poétique où votre voix s'élève,
Oiseau mélodieux, vous avez pris l'essor,
Et sur des bords lointains, de votre bouche d'or,
Avez laissé tomber des chants doux comme un rêve:

Semblables au concert des vagues sur la grève,
Ils bercent dans le cœur la douleur qui s'endort;
Et quand sur votre lyre, hélas! l'hymne s'achève,
Attendri, l'âme émue, on vous écoute encor...

Et puis, quand le soleil se couchant dans la nue,
Vous a dit du départ que l'heure était venue,
Avant d'ouvrir votre aile, en souvenir d'ici,

Comme souvent l'oiseau, dans l'herbe diaprée,
Cueille une fleur qu'il porte au nid à la vesprée,
Belle, vous avez pris un immortel *Souci!*

Toulouse, mai 1864.

FOLLES RIMES.

Salut ô maison d'or, o domus aurea
Où vont biches et daims, lions avec lionnes,
Mon ami le baron avec des folichonnes,
Et parfois l'aspirant au baccalauréat,

On n'y va pas toujours pour faire une bombance,
Car souvent déguisant sous un lorgnon son œil,
On prend un cabinet dont on défend le seuil,
Car vous êtes aussi l'arche de l'alliance.

O Janua cœli, de jeunes étourdis
Pour fléchir la beauté dans vos salons splendides
La mènent avec pompe, et puis les coupes vides,
Au galop d'un coupé volent au paradis.

Stella matutina : quand après une orgie
Chancelant on descent la nuit le boulevard
On aperçoit encore à vos fenêtres tard
Étoile du matin briller une bougie.

Refuge des pécheurs, sous ce lustre béni,
Rit le vice charmant, front chauve ou folle tête,

Celle qui vend l'amour, et celui qui l'achéte
Et le jeune qu'on lance et le vieux qu'on finit.

Je continuerais bien, mais l'ardeur qui m'anime
Me fesant riche en vers laisse ma poche à sec .
Turris eburnea turis et même avec
Peu d'égards pour mes chants tu me fermes la porte.

Lorsque tu chantes ta romance,
Je sens des larmes dans mes yeux;

C'est que le doux printemps commence,
C'est que la lune brille aux cieux,

C'est que tes chants partis de l'âme
A mon âme arrivent touchants,

C'est que ta voix est d'une femme,
C'est que moi je n'ai que vingt ans.

C'était aux premiers jours de mai :
Tu passais joyeuse et coquette,
La brise te contait fleurette,
Et les lilas blancs sur ta tête
Te fesaient un air embaumé !

L'air est doux, l'étoile se lève
Devant ma porte assis, je rêve.

Je te vis, je n'oublierai pas,
Que c'était un soir de dimanche,
Tu portais une robe blanche,
Un beau ruban bleu sur la hanche,
Et deux velours noirs à tes bras.

L'air est doux, l'étoile se lève,
Devant ma porte assis, je rêve.

Sur ton cou blanc comme le lait
S'égrenait un collier noir, folle
Ta chevelure au vent qui vole
S'éparpillait sur ton épaule
Que la gaze à peine cachait.

L'air est doux, l'étoile se lève
Devant ma porte assis, je rêve.

Un orchestre jouait ce soir,
Un air de douce rêverie,
Et blanchissant l'herbe fleurie
La lune au fond de la praïrie
Se levant nous fesait : bonsoir!

L'air est doux, l'étoile se lève
Devant ma porte assis, je rêve.

Te souvient-il de cet air là?
Par un récit triste il commence,
C'est le regret, puis l'espérance,
Et finit comme une romance
En mineur, dans le ton de *la*.

L'air est doux, l'étoile se lève
Devant ma porte assis, je rêve.

Ah! mon cœur n'a pu l'oublier,
Vers toi toujours il me rappelle
Et malgré moi ma toute belle
Il revient sous ma main fidèle
Lorsque je rêve au clavier.

L'air est doux, l'étoile se lève
Devant ma porte assis, je rêve.

Tu paraissais émue un peu,

Aux accents qui berçaient ton âme,
Puis l'air fini, frivole femme,
Revinrent la joie et la flamme
S'épanouir dans ton œil bleu.

L'air est doux, l'étoile se lève
Devant ma porte assis, je rêve.

La nuit vint tu partis : rêveur
O ma Marguerite apparue,
Je m'en allais seul dans la rue
Cherchant ta beauté disparue
Comme un doux songe de bonheur.

L'air est doux, l'ètoile se lève
Devant ma porte assis, je rêve.

Souvent le soir, sous les balcons
Où vole la brise odorante,
Suivant le rêve qui m'enchante
J'erre, et quand douce une voix chante....
Je crois que c'est toi qui réponds

L'air est doux, l'étoile se lève
Devant ma porte assis, je rêve.

Idéal vierge en mes pensers,
Je te poursuis, tandisque femme

Aujourd'hui peut-être, en ton âme
Un autre règne et puis se pâme,
Quand je rêve, sous tes baisers.

L'air est doux, l'étoile se lève
Pourquoi sitôt finir mon rêve?

Comme un guerrier blessé disant son chant de mort
Dont un paysan d'Ecosse a fait une ballade,
Rga r dant le soleil se coucher, un malade
Jeune encore, chantait et défiait le sort :

« D'ici je vois déjà les noirs cyprès, la route
Va manquer à mes pieds au bout de quelques pas
Et sans effroi courbé sur l'abîme, j'écoute
Les murmures confus qui montent de là bas.

« Et que m'importe à moi, voyageur ephémère
Que l'abîme m'attende au tiers de mon chemin!
J'ai bu le malvoisie et dans la coupe amère
La lie est resté seule ! allons ouvrons la main,

« Que la coupe en éclats tombe, et que la poussière
S'abreuve de son fiel ! ce soleil obscurci
Ne m'éblouira plus de sa vaine lumière,
Et je rêve un soleil plus beau quc celui-ci.

« N'ais-je pas vu d'ailleurs à l'aurore empourprée,
L'allouette chantant dans l'azur infini,
Et le vent du matin sur la moisson dorée
Passer, d'un pied léger courbantl'épie jauni.

« Que désirer encore ? au sentier de la vie
J'ai laissé loin déjà les sites les plus beaux,
Où l'on chemine, enfant, naïf, l'âme ravie,
Sous les arbres en fleurs, au murmure des eaux.

« Mais le ciel s'assombrit, les roses sont fanées !
Où sont les lits de mousse et les oiseaux chantant?
Où s'est enfui déjà le printemps des années?
Ainsi que le soleil au déclin des journées
Quittons cet horizon mon âme en souriant.

1860,

La voyez-vous, la jeune fille
Blonde et svelte enfant des forêts
Brunie au soleil chaud qui brille
Dorant l'épi sur les guérets?

Pour son front tressant des couronnes,
Des guirlandes pour ses bras nus,
Au loin le jour, sous les vieux aulnes
Elle porte ses pas perdus.

Elle sait des chansons bien douces
Qu'elle dit d'une douce voix
Dans les asiles pleins de mousses
Qu'elle connaît au fond des bois.

Mais lorsqu'au ciel bleu, les étoiles
Se lèvent annonçant la nuit
Dans mes bras elle vient sans voiles
Jusqu'à l'heure où l'aurore luit.

Et pourtant, je ne suis qu'un pâtre,
Sous le bois mon chaume est obscur,
Là bas d'où s'élève bleuâtre
Un peu de fumée, au ciel pur.

Juin, 1862.

A UNE INCONNUE

Il faut au pauvre vagabond
Un bâton noueux pour la route,
Un petit nid dans le buisson,
A l'oiseau qu'au soir on écoute.

Il faut au voyageur craintif
Un pâle rayon de la lune,
Une gondole, un chant plaintif
Au pécheur brun de la lagune,

Il faut au pâtre dans les bois
De l'ombre et le bruit des fontaines
Il faut un sourire parfois
Au malheureux chargé de peines.

Au poète qui va rêveur
Cueillant les fleurs sur les épines,
Il faut un amour dans le cœur
Pour qu'il ait des chansons divines!

Sur le Rhône, Juillet 1862

En le voyant passer triste et d'un pas rêveur,
Quand le soleil d'avril riait dans la charmille,
Je sentais, malgré moi, se glisser en mon cœur
Une pitié de jeune fille.

Et je me demandais : pourquoi cet air chagrin,
Sous ses longs cheveux noirs cette pâle figure,
Le soleil est si doux, l'air si pur ce matin
Sous les frais berceaux de verdure.

N'est-il pas à cet âge où tout sourit encor
La nature sereine, et l'amour de la femme
Où l'on porte partout un précieux trésor
De joyeux concerts dans son âme!

Où le passé se mire en un doux souvenir,
Comme un lointain doré par un soleil d'automne?
Où fier et plein de force on court vers l'avenir
Qui vous présente une couronne! . . .

. . . .

Je ne le revis plus, mais un jour dans les bois

A mon regard s'offrit un humble mausolée,
Et je me ressouvins, ému comme autrefois,
Du promeneur de la vallée.

Avril, 1861.

Si j'avais osé belle dame,
Hier sortant du bal joyeux,
Vous parler d'amour et de flamme
L'œil ardent fixé sur vos yeux,

Tandisque au grand trot, dans la rue
Emportés par deux alézans
Nous traversions folle cohue,
L'un prés de l'autre indifférents.

Vous l'avouez, sur votre épaule
Écartant vos beaux cheveux noirs
Comme on fait les feuilles du saule
Pour voir l'onde aux clartés des soirs,

J'aurais pu la lèvre enflammée
Déposer un baiser de feu,
Et voir votre gorge animée
S'agitter sous son corset bleu;

Bonheur! serrer comme un avare
Sur mon cœur vos seins palpitants,
Vos bras nus qu'un cercle d'or pare
Vos doigts chargés de diamants!

Et puis dans une folle étreinte
De mes bras faire une prison
Où la femme est femme sans crainte
Où l'amour chasse la raison,

J'aurais pu, je n'osais Madame
Hélas, ô regrets superflus
Quand je vous parle de ma flamme
Aujourd'hui, vous ne voulez plus.

Janvier 1863.

PROVERBE

Jeune enfant, tête blanche et rose
Penchée aux genoux de Laïs
Qui rit, et nonchalante pose
Sur les coussins ses bras de Lys,

Pourquoi lui demander son âme,
Et l'amour, doux rayon du ciel ?
Demande de luire à la flamme,
Demande d'être doux au miel ;

Demande à l'ormeau des collines
Un peu d'ombre pour le passant,
Au torrent, parmi les ravines
De rouler son onde en grondant ;

Demande à Vesper, douce étoile,
De briller au ciel assombri,

Soulevant un coin de son voile,
Quand le troupeau bèle à l'abri;

Demande au rossignol sa plainte,
Qui fait rêver la fille au soir,
Sur son balcon fleuri que teinte
La nuit en violet et noir;

Demande une hymne à l'allouette,
Le matin perdue au ciel pur,
A la fleur de courber sa tête
Sous la rosée aux pleurs d'azur;

Demande à Laïs son sourire
Aussi clair qu'un bruit de cristal,
Son chant plein d'ivresse qu'inspire
L'Aï qui mousse après le bal;

Sa beauté d'antique bacchante,
Son front étroit et gracieux,
Que l'on eût couronné d'Achante,
Au temps ou l'on croyait aux dieux;

Demande à ses lèvres vermeilles
Les baisers qui brûlent les fronts,
Et dans l'ardeur des folles veilles
Les caresses de ses bras ronds;

Mais pourquoi sous sa gorge ronde
Chercher un cœur qui n'est plus là?
La plus belle fille du monde
Ne peut donner que ce qu'elle a

CHIMÈRE

Ah ! je voudrais aimer, je voudrais chaque jour
Voir mon âme au matin s'éveiller à l'amour,
Entendre dans mon cœur chanter des harmonies,
Douces comme les voix que laissent les génies,
Quand l'arabe le soir s'accrouprit aux déserts,
Sur l'aile de la brise emporter dans les airs !
Aimer ! sentir en soi, lorsque parle une femme,
Quelque chose de grand qui tressaille dans l'âme ;
Sentir qu'on donnerait pour une frêle enfant
Qui rit et qui se joue, et sa vie et son sang,
Et devant une main toute mignonne et blanche
Sur la terre, à ses pieds, courber son front qui penche;
Aimer ! n'avoir à soi qu'une étoile et qu'un Dieu,
Balbutier, tremblant, un langage de feu,

Voir dans l'éclat du jour, comme dans la nuit sombre,
Toujours devant ses yeux, passer une même ombre;
S'en aller seul, rêveur, dans les lieux écartés,
Jetant des mots obscurs par le vent emportés,
Et pleurer bien souvent, homme superbe ou sage,
Agenouillé devant une petite image !
Aimer ! entendre seul, dans le chant des oiseaux,
Dans la voix de la brise et dans le bruit des eaux,
Et dans la plainte vague échappée au feuillage
Lorsque tord les rameaux, le vent lourd de l'orage,
Seul un mot, un nom seul, le sien ! où donc es-tu
Toi qu'appelle mon cœur par l'attente abbatu,
Toi que cherche mon œil comme cherche une rive,
Un nauffragé perdu sur une mer plaintive ?
Qui te retient ? quels lieux ? quels pays inconnus
Pour que mes cris encor ne te soient parvenus ?
Es-tu fille d'Asie, œil de feu, tête brune,
Bayadère dansant aux clartés de la lune
Et fesant retentir les anneaux de vermeil
Sur tes bras qu'ont dorés les baisers du soleil,
Tandis que, assis en rond, la prunelle allumée
Des hommes noirs, au ciel font monter la fumée
Bleuâtre s'échappant des tuyaux de Sandal ?
Es-tu fille du Nord ? le ciel occidental
A-t-il mis la pâleur sur ta joue embellie ?
Et vas-tu, douce sœur de la pâle Ophélie,
Pour te faire un chemin divisant les roseaux,
Cueillir de frais bouquets, rêveuse au bruit des eaux ?

Souvent j'ai cru te voir ! au pays des mensonges
Par les portails de nacre et d'or qu'ouvrent les songes,
Comme un pâle rayon perçant l'obscurité,
L'idéal projetait une douce clarté.
Tantôt au clair matin, à l'aurore embaumée
Je te voyais de loin, belle et d'amour pamée,
Blanche comme les lys, avec des cheveux d'or :
Aucun voile jaloux ne cachait le trésor
De tes charmes divins, tu te jouais dans l'onde
Qui murmurant tout bas baisait ta gorge blonde.
Et tu me disais : viens ! il fait bon dans les eaux,
Laisse tes vêtements flotter sur les roseaux,
C'est ici le pays des dieux et des poètes,
Les pâles nénuphars couronneront nos têtes,
Mon œil humide luit d'un amoureux désir,
Viens je suis la beauté, viens je suis le plaisir !
Tantôt, c'était le soir, les fenêtres gothiques
S'éclairaient aux lueurs des lampes domestiques
Et je voyais ton front derrière les vitraux
Pâle se dessiner, comme dans les tableaux
Du vieil Albert Durer. Tu regardais la lune
Dentelant le clocher perdu dans la nuit brune
Géant sombre dressé sur un bourg allemand,
Rêveuse, et tu disais : viens car dans ce moment
Il serait doux d'aller, tous les deux, solitaires,
Confier à la nuit nos amoureux mystères;
J'aime l'ombre qui vient, j'aime dans la vallée
Ouïr la plainte au soir par la brise exhalée,

J'aime écouter les chœurs dont les accords lointains,
Par l'espace affaiblis, arrivent incertains ,
Et les grelots jetant les notes argentines ,
Quand les troupeaux bêlants descendent des collines;
Viens, les buveurs déjà devant les pots assis
Oublient les maux du jour, écoutant les récits,
Et l'on entend là-bas leurs groupes sous les treilles
Entonner le refrain de leurs chansons vermeilles.
Viens , je suis l'amour pur, l'amour qui vient des cieux !
Et puis la vision fuyait devant mes yeux ;
Malheureux qui, poursuit la chimère maudite !
Comme le docteur Faust, j'ai vu la Marguerite
Filant à son rouet, douce et le front vermeil ,
Resplendir au milieu d'un rayon de soleil,
En vain , pour lui parler, à l'heure des prières ,
J'ai passé près du temple inondé de lumières,
De doux chants s'élevaient de l'orgue, cependant
Elle n'est pas venue incliner son front blanc,
Enfin, lassé d'attendre et le cœur plein de doute,
J'ai repris mon bâton et poursuivi ma route.

Juin 1864

O mes premiers rêves d'amour
O les premiers chants de mon âme,
Vapeur d'où jaillira la flamme,
Lueur d'où sortira le jour;

Première fleur qu'à fait éclore
Le doux printemps en mon esprit,
Blanche fleur que deviendra fruit,
Si le ciel te protège encore.

Première feuille, frêle espoir
Se livrant heureuse et soumise
A tous les baisers de la brise
Qui soupire matin et soir,

Il est sous une blanche pierre,
Bien loin d'ici, quelqu'un qui dort
Du pesant sommeil de la mort
Parmi les ifs d'un cimetière,

Sans que la voix d'un fils, hélas !
Si parfois le jour il s'éveille,
Puisse arriver à son oreille
Disant : tendre père, tout bas !

Comme un adieu d'une voix chère,
Comme un souvenir triste et doux,
Avec la brise envolez-vous,
Jusqu'à sa tombe solitaire.

CE QUI PLAIT AUX FEMMES

Les don Juan d'autrefois, la guitare à la main
Soupiraient leur amour sous les balcons des belles :
Il suffisait alors pour dompter les cruelles
De chanter avec âme un amoureux refrain.

C'était le temps heureux des feutres à panaches,
Et des pourpoints coquets de soie et d'or brillants,
Des bottes à revers aux éperons bruyants,
Des cheveux parfumés et des folles moustaches.

Les don Juan d'aujourd'hui pour fléchir les vertus,
Sous les balcons fleuris font sonner leurs écus,
Sérénade amoureuse au refrain métallique ;

Nos belles goûtent fort ce concert argentin,
Leur porte pour s'ouvrir n'attend pas le matin.......
La femme, de tout temps, adora la musique.

Juillet 1864

www.ingramcontent.com/pod-product-compliance
Ingram Content Group UK Ltd.
Pitfield, Milton Keynes, MK11 3LW, UK
UKHW021007200726
13857UKWH00004B/1319

9 782013 054331